NOUVEAU

Manuel

du

Soldat

La PATRIE - L'ARMÉE - La GUERRE

Treizième Édition

1905

Fédération des Bourses du Travail

DE FRANCE ET DES COLONIES

3, Rue du Château-d'Eau, PARIS — Téléphone : 256-83

NOUVEAU

Manuel

du

Soldat

La PATRIE — L'ARMÉE — La GUERRE

Treizième Édition

PRIX :

3 fr. 50 le cent; **4 fr. 50** port compris.

S'adresser au Secrétaire de la Fédération des Bourses,
3, rue du Château-d'Eau.

AVANT-PROPOS

Aux quatre coins du globe, il est des hommes : savants, philosophes, littérateurs, travailleurs intellectuels ou travailleurs manuels, en un mot des penseurs libres et des ouvriers conscients qui estiment qu'il y a mieux à faire que de mettre dans la tête des adolescents des idées absurdes et cruelles pour en faire des brutes.

Ils estiment qu'il y a de la justice sociale à instituer et que cela ne peut se faire que par des hommes auxquels auront été inculquées des idées d'affranchissement et d'humanité.

Mais ils croient aussi qu'ils ne doivent pas compter sur d'autres que sur eux-mêmes pour faire cette éducation, sous peine de ne pas atteindre le but et même de ne s'en rapprocher jamais.

C'est aussi cette manière d'apprécier qui a guidé les représentants de la classe ouvrière au X⁰ Congrès des Bourses du Travail, tenu à Alger, en septembre 1902, lorsqu'ils ont décidé l'édition d'une brochure qui serait un peu de cette féconde besogne qui consiste à apprendre aux fils du peuple de tous les pays qu'ils sont faits pour s'entendre et non pour s'entretuer.

Le Comité fédéral des Bourses du Travail de France et des Colonies est heureux d'exécuter une aussi belle décision, bien qu'il soit très difficile de démontrer en une si petite brochure combien est odieux le service militaire et son but : la Guerre, la répression des justes révoltes et le soutien des iniquités sociales.

En somme nous ne ferons que répéter sommairement ce que d'autres ont mieux dit que nous; mais cela importe peu, puisque nous avons la conviction qu'une vérité doit être clamée sur tous les tons et à tous les échos.

LA PATRIE

Nos parents et nos grands-parents, tous nos malheureux aïeux ont profité et ont surtout été victimes de ce mot magique : la Patrie. Car il est un des mots qui ont le plus servi aux équivoques et aux mensonges. Il est un des mots qui ont le plus fait couler de sang humain.

Combien ce mot a fait de dupes ! combien il a fait de victimes !

Il est nécessaire de s'appliquer à ce qu'il n'en fasse plus en disant ce qu'il est, en démasquant ceux qui l'exploitent à leur profit.

Nos mères, imbues de cet odieux préjugé parmi beaucoup d'autres, nous ont bercé avec des chants patriotiques, tandis que nos pères nous amusaient avec des récits guerriers. Nous avons grandi en entendant toujours parler de ceux qui ont vécu de la guerre ou qui sont morts sur les champs de bataille.

L'on s'est complu à nous faire admirer les héros qui avaient beaucoup tué de leurs semblables.

Dans nos jeunes cervelles, au lieu de développer nos bons instincts : instincts d'amour, instincts humains, l'on s'est appliqué à développer les mauvais : l'instinct batailleur, meurtrier, cruel ; l'instinct brutal.

Au lieu de nous faire admirer la bonté, au lieu de nous laisser plaindre la faiblesse, on nous a fait glorifier la guerre et respecter la force.

Nos premiers jouets furent des sabres, des fusils, des casques, des drapeaux. On nous accoutuma, dès l'âge le plus tendre, à aimer l'uniforme en le mêlant à nos jeux ; à manier avec une certaine prédilection des semblants d'instruments de massacre. A la veillée, sous la lampe, en attendant le sommeil réparateur de la fatigue de nos jeux belliqueux, nous avons passé des heures à manier des fantassins et des cavaliers en plomb. Nos délices, pour nous délasser d'avoir joué aux soldats ou d'avoir couru devant les régiments étaient de massacrer en effigie beaucoup de Prussiens avec des canons de cuivre et de bois dans des forteresses de carton.

Devenus plus grands, studieux et moins bruyants, les livres d'images où nous apprîmes à lire étaient à peu près tous consacrés aux soldats et aux combats. Nos livres de lecture contenaient beaucoup de récits d'actes d'héroïsmes sur les champs de bataille. Peu de place restait pour nous parler des hommes de science, d'art, de ceux qui faisaient des découvertes, des inventions utiles, de ceux qui, parfois, laissaient leur vie dans une expérience scientifique ou dans un acte de dévouement pour sauver ou soulager leurs semblables.

Ainsi, souvent insconsciemment, nous fut donnée une fausse direction d'esprit que l'école acheva par son enseignement de l'Histoire et par bien des faiblesses de son enseignement civique.

*

La Patrie, dit-on, c'est le pays où nous sommes nés, où nous vivons, où nous travaillons, où nous participons à la vie commune.

Il faut aimer notre pays.

Mais ne l'aimons-nous pas, puisque nous voulons le bonheur par l'entente de ceux qui l'habitent, comme nous voulons le bonheur par l'entente de ceux qui habitent au-delà des montagnes, des fleuves, des mers ? Ne l'aimons-nous pas, puisque nous aimons même ceux qui habitent autour de lui, dans les pays qui se différencient du nôtre par le langage, les mœurs, les coutumes et le climat ?

Notre pays c'est la France, que nous devons non seulement aimer mais servir uniquement.

Quest-ce que la France ?

Est-ce un mot en tête d'un papier officiel ? Est-ce un morceau d'étoffe bleue, blanche, rouge ? Est-ce un gouvernement, une administration, c'est-à-dire quelques inutiles prenant une mine grave pour exploiter le travail des autres ? Est-ce une succession de rois, d'empereurs et de généraux ? Est-ce une étendue de territoire, telles rivières et telles montagnes, telles plaines ou telles villes ?

Pas plus pour nous, Français, que pour un Anglais ou un Allemand, rien de tout cela ne constitue notre pays. Il n'y a rien tant qu'il n'y a pas des hommes groupés en vue de produire et de consommer ce qui est nécessaire à la vie. Notre pays ne peut être qu'une œuvre de vie commune et solidaire. Et, par suite, le patriotisme vrai, le seul utile et actif consiste à s'employer de son mieux, chacun selon ses moyens, à entretenir la vie commune, à améliorer les conditions de l'existence au sein de chaque nation.

Les seuls qui aient le droit de dire qu'ils aiment leur pays, parce qu'ils le prouvent, ce sont ceux qui travaillent, ceux qui produisent. Le paysan qui laboure, l'ouvrier qui fabrique, l'inventeur, le savant, l'artiste qui créent du bien-être et de la beauté pour tous ; les révolutionnaires, qui par leur énergie, leur exemple, entraînent les foules timides à la conquête de plus de justice sociale, ne sont-ce pas ceux-là les vrais patriotes ?

Mais ce patriotisme-là n'est pas de commande, il n'est pas officiel, il n'est pas celui qu'on enseigne à l'école. Il n'est pas une religion ; il n'est ni un mensonge, ni un moyen d'asservissement. C'est pourquoi nos gouvernants, nos bien pensants ne l'admettent pas. Il leur faut un patriotisme étroit qui soit bien une religion abêtissante comme toutes les religions. Il leur faut un patriotisme fanatisant, car le fanatisme est un excellent moyen de gouverner les hommes.

Il faut que, rien qu'en prononçant ce mot : « Patrie », des inconscients puissent être conduits à toutes les aventures, commettre tous les crimes ou absoudre et glorifier tous ceux qui les commettent.

Il faut que par ce mot, on puisse gruger, berner, asservir,

abrutir de père en fils, comme on le fait depuis plus d'un siècle.

Toutes les infamies, toutes les cruautés, toutes les affaires véreuses, tous les programmes menteurs ont eu ce mot pour devise : Patrie !

C'est pour ce mot qu'on nous enferme pendant trois ans, pour faire de nous des esclaves, peut-être des assassins ou des victimes de la brutalité des galonnés.

Pour la Patrie, on nous écrase d'impôts ; pour la Patrie et son armée, on nous extorque notre argent ; pour la Patrie, nous sommes courbés douze et quatorze heures tous les jours sur un labeur de bêtes pour un salaire de famine.

Pour que les produits nationaux triomphent sur le marché international, les ouvriers nationaux doivent crever de faim en travaillant. Cependant nos patrons, *bons patriotes*, embauchent toujours les ouvriers étrangers, pourvu que ceux-ci consentent à travailler à salaire moindre que leurs camarades, compatriotes de leurs patrons. S'ils trouvent des matériaux ou des produits étrangers à meilleur compte, nos patrons se hâtent de les employer.

S'il y a une entente internationale possible entre les patrons pour exploiter, pressurer davantage l'ouvrier, ils ne la manquent pas.

Lorsqu'ils veulent nous prouver que nous devons rester pauvres, faibles, résignés, courageux et honnêtes au travail, c'est toujours l'intérêt de la Patrie qui est invoqué par les riches et par les patrons, par les fonctionnaires et par les gouvernants.

Ce mot « Patrie » est en vedette sur les affiches où des candidats promettent les mêmes réformes que promettaient à nos pères leurs pères, à nos grands-pères leurs grands-pères.

Tant que cette religion imbécile de la Patrie continuera à nous en imposer, c'est-à-dire tant que nous n'aurons pas vu clair dans le jeu de ses prêtres, nous serons encore des esclaves.

Voilà assez de mensonges, d'absurdités et de quipro-
quos. Il est temps d'en finir avec cette comédie sinistre.

Aux gens qui viennent nous dire à tout propos : la
patrie exige, le pays réclame, il est temps de fermer la
bouche une fois pour toutes.

La patrie c'est nous-mêmes ou bien ce n'est rien du
tout.

Or, personne ne peut savoir mieux que nous-mêmes ce
qu'il nous faut.

La patrie n'est qu'un mot. C'est par ce mot-là que fut
instituée l'armée, et c'est par ce mot là qu'elle est main-
tenue.

II

L'ARMÉE

La plus affreuse conséquence du Patriotisme c'est le
Militarisme.

Le militarisme est né du jour où quelques-uns prirent
pour eux ce qui appartenait à tous et résolurent de le
conserver même par la force.

Le militarisme est né du jour où quelques hommes vou-
lurent imposer à tous leur volonté. L'autorité ne peut rester
debout sans le militarisme, sans les moyens de se main-
tenir par la force contre quiconque s'oppose à elle.

L'armée, dit-on, est pour la défense nationale.

Or, est-ce défendre une nation que de se faire tuer pour
les intérêts de quelques-uns ?

Y a-t-il seulement défense de quelque chose, puisque la
condition principale qui exige la défense, c'est l'attaque ?
Qui donc nous attaque ?... Pourquoi nous attaquerait-on ?...
Pour prendre notre bien ?... Nous n'en avons pas.

Non, le militarisme est un moyen d'asservissement.

La caserne fait de nous une machine à obéir, comme
elle en fait une machine à astiquer et à marcher au pas.

Il faut obéir aux ordres les plus idiots, les plus contradictoires, les plus immoraux, les plus grossiers. Il faut obéir comme un chien qui sent levé sur lui le fouet du maître. Ce fouet c'est le Code qui punit de mort un geste de dignité, un mouvement de révolte. Obéir comme un lâche, car l'on a toujours peur que même en obéissant on soit encore puni.

Aussi de la caserne on rapporte le culte de la force brutale, la religion de la violence. Les militaires professionnels, les officiers auxquels on nous livre, corps et âme, pendant trois ans — et cela à un âge où, presque encore enfants, nous subissons si aisément toutes les influences — les officiers forment dans la nation une caste à part, une véritable caste de brutes. Le meilleur officier, le militaire accompli, c'est celui qui se montre en toutes circonstances la plus parfaite brute (exemple : Anastay, Esterhazy, Voulet, Chanoine, etc.). Que peuvent être, en effet, l'intelligence et le caractère d'hommes qui, toute leur vie, tiennent, au lieu d'un outil pour produire, une arme pour tuer, d'hommes qui ont abdiqué une fois pour toutes devant le bon plaisir du plus galonné ? Comment de tels êtres n'opposeraient-ils pas en toutes choses la violence à la raison ? En face de l'intelligence et de l'énergie paisible qui peinent à édifier l'avenir, les porte-sabre représentent donc la bêtise et la violence des âges lointains. L'armée est, parmi nous, comme un sanctuaire où, pour entraver l'œuvre civilisatrice, pour faire obstacle au progrès, la force bestiale est entretenue avec soin, idéalisée et panachée, dorée et galonnée. Et, de la caserne, de telles habitudes gagnent par contagion tout le corps social. Les années de service sont, pour chaque citoyen un apprentissage de brutalité et de bassesse.

La lâcheté morale, l'habitude de se soumettre, et de trembler, voilà donc ce qu'on rapporte des casernes.

C'est en sortant du régiment que des hommes sont capables de faire des traîtres à la classe ouvrière en devenant *des policiers* ou *des jaunes*.

Mais l'armée a un autre rôle, c'est celui d'être le gendarmerie nationale.

Ce sont des soldats qui sont envoyés dans les grèves fusil chargé, baïonnette au canon. Ce sont eux qui sillonnent les rues de galopades et de charges, quand, chassés du travail par la rapacité patronale, les travailleurs pensent avec raison que leur place est dans la rue.

Et ce n'est pas seulement avec ses fusils que l'armée vient en aide au capital. Les soldats remplacent encore les ouvriers dans les grèves. L'armée de la nation, l'armée composée des fils du peuple est contre le peuple au service du patron. L'armée prête sa force meurtrière au patron et elle remplace parfois l'ouvrier en grève.

Hypocritement, les gouvernants disent que l'armée assure la liberté du travail. C'est faux. Elle assure le triomphe de l'exploiteur contre l'exploité.

En attendant de servir à la guerre étrangère, le soldat, en effet, sert encore et sert surtout à la guerre sociale. Gouvernants et possédants ne reculent jamais devant l'emploi de la force quand ils craignent pour leur pouvoir ou pour leur argent. Notre Histoire, comme celle de tous les pays d'ailleurs, est toute sanglante des preuves de cette vérité. Dès que les enfants du peuple réclament un peu plus de liberté et un peu plus de bien-être, c'est à coups de fusil qu'on leur répond. Sans parler des grandes hécatombes — comme celles de 1830, 1848 et 1871 — où les prolétaires roulent par milliers sous les balles des *défenseurs de l'ordre*, il ne se passe pas d'année sans qu'il y ait, ici ou là, quelque massacre d'ouvriers.

Chaque fois que des travailleurs tentent d'obtenir, par la grève, quelques maigres avantages, une petite amélioration à leur sort, c'est à la troupe qu'ils ont affaire. A chaque pas, le gréviste se heurte au soldat.

Nous sommes les prolétaires, c'est-à-dire ceux qui portent aujourd'hui tout le poids, toute la tristesse de la société. L'armée, avant tout, est le soutien de cette société. Et le comble c'est qu'elle se recrute parmi les plus misérables les plus souffrants de la domination capitaliste.

Du jour où la meilleure partie des travailleurs, les conscients, voudront réclamer leur part des richesses sociales dont ils sont les producteurs, canons, fusils, baïonnettes, seront envoyés contre.

Les fils et les frères des travailleurs deviendront des assassins s'ils n'ont pas le courage de refuser de tirer, de refuser leur participation au massacre.

Voilà où aboutissent finalement les grandes tirades sur la Patrie, les phrases ronflantes sur le Drapeau. Quand nous venons faire étalage d'un chauvinisme imbécile, nous ne faisons donc que justifier, que consolider entre les mains des exploiteurs et des gouvernants, cette force invincible contre nous.

Que des bourgeois s'épanouissent à voir défiler des militaires, drapeau et musique en tête, qu'ils s'attendrissent sur leur bonne tenue et leur air martial, rien de plus juste, puisque ces braves garçons vont monter la garde à la porte des banques, des usines, des chantiers, des ministères. C'est la sécurité des coffres-forts, l'éternité des privilèges qui passent. Comment ceux qui ont les coffres-forts et détiennent les privilèges ne se découvriraient-ils pas?

Mais nous autres, nous qu'on mitraille dans les rues pour un oui ou pour un non! Pour nous, le bataillon qui passe ne peut être que la servitude. La servitude et la honte, car dès qu'il endosse la livrée du soldat, l'homme du peuple trahit, malgré lui, les siens. Le prolétaire-soldat, c'est l'homme du peuple dressé à la défense des riches et des puissants, équipé et armé contre ses frères.

Le militarisme, en dehors de son but, de sa raison d'être, a encore un autre motif pour nous être odieux. C'est ce qu'il fait de nous, c'est ce qu'il nous coûte.

L'armée n'est pas seulement l'école du crime, elle est encore l'école du vice, l'école de la fourberie, de la paresse, de l'hypocrisie et de la lâcheté.

Voici ce que dit dans son livre *les Guerres et la Paix*, M. Charles Richet, professeur à l'Université de Paris :

« Au régiment, le soldat perd l'habitude du travail. Les ouvriers des champs ou de la ville, qui étaient forcés de gagner, très rudement, leur pain de chaque jour, trouvent que la caserne est un repos relatif.

« Pour l'homme de la campagne, si la besogne n'est pas fatigante, elle est insupportable ; car il n'en comprend pas l'utilité, tandis qu'il sait très bien pourquoi il doit sarcler son champ ou mener sa charrue. En tout cas, sans prendre goût au métier militaire, il perd toute ardeur pour le métier de paysan. Il quitte le service avec joie, car le service est une servitude, mais il le quitte perverti, il s'est dégoûté du travail à la terre ; il a appris à flâner, à ne rien faire pendant de longues fins de journée, et à se promener dans les rues.

« L'alcoolisme, la prostitution et l'hypocrisie, voilà ce qu'apprend la vie à la caserne. »

Renan disait aussi que s'il lui avait fallu être soldat, il aurait déserté.

Le marquis de Rochefort, publiciste, en février 1871, écrivait en parlant des Prussiens… : « Ils ont dévalisé nos fermes, crevé nos toitures, ils ont tout volé, tout fusillé, tout violé ; eh bien ! c'est à peine si ces assassins et si ces maraudeurs ont commis *la moitié des crimes dont les armées françaises se sont rendues coupables.* » Et il écrivait encore : « Nos vainqueurs ne sont pas plus cruels envers nous que nous n'avons été féroces envers nos vaincus. »

Il est bon de savoir ce qu'ont dit de la caserne en des moments où ils raisonnaient un peu, les réactionnaires nationalistes ou cléricaux de nos jours :

M. Édouard Drumont, directeur de la *Libre Parole*, disait :

« Savez-vous quelque chose de plus navrant que l'existence de ce malheureux qu'on enlève à son champ, à son village et qu'on jette pour trois ans, dans une caserne, loin des siens, loin de tout ce qu'il aime, condamné à vivre avec d'autres hommes aussi à plaindre que lui ?

« Que voulez-vous qu'il reste, à un pays, de vigueur en réserve, lorsque, dans vingt ans, tous les gens auront passé par cette terrible filière ?

« Tous ces fils de la terre, qui seraient mariés avec une

brave fille, qui auraient fait souche de gars solides, *revien-nent chez eux plus ou moins syphilisés, pervertis par les sales amours des fortifications*, ayant perdu le respect de la femme, déshabitués de tout travail par une mécanique à la fois éreintante et vide. *Ce sont des générations finies.* »

Le marquis de Rochefort écrivait :

« Les chefs, ces bourreaux imbéciles, s'étonnent du nombre toujours croissant des désertions !

« Parbleu ! On aime autant traîner à l'étranger une existence, même précaire et misérable que d'aller, pour un geste, immédiatement assimilé à une voie de fait, se faire égorger dans les chiourmes de Tunis et de Constantine. » (*Intransigeant*, 19 septembre 1895.)

Ailleurs, M. de Rochefort disait :

« Une combinaison favorable m'a empêché de faire partie de cette belle armée française, où je n'aurais, d'ailleurs, donné peut-être d'autre exemple que celui de la désertion. »

M. de Freycinet, trois fois ministre de la guerre, a dit :

« Aujourd'hui, la vie du soldat est de nature plutôt à amoindrir sa valeur morale qu'à l'augmenter. Retenu pendant plusieurs années au régiment, employant à des manœuvres fastidieuses quatre à cinq fois le temps qu'il faudrait, occupé uniquement à des soins matériels, il passe une grande partie de ses journées dans l'oisiveté, l'esprit ouvert à toutes les occasions de débauche qu'offre le séjour des grandes villes.

« Il fréquente le cabaret, il fait de mauvaises connaissances... Entré au régiment ignorant et honnête il en sort trop souvent aussi ignorant mais corrompu.

« Heureux encore quand il n'emporte pas avec lui des goûts de paresse, qui le mettront pendant longtemps dans l'impossibilité de gagner honorablement sa vie. »

M. Jules Delafosse, député, conservateur, disait à propos du service militaire :

« Il y a beau temps que les philosophes, les économistes, les moralistes, les sociologues, les chefs d'industrie et les chefs d'école, tous les gens qui travaillent et tous les gens qui pensent, tous ceux qui ne font pas de politique et conservent, à ce titre, l'esprit libre et sain, en ont dénoncé les effets sociaux. Ils sont épouvantables.

« Il déshabitue l'ouvrier des champs, comme l'ouvrier d'industrie, du travail manuel et entrave ou dévie ainsi leur destinée. En les initiant aux plaisirs de la ville, il éveille en

eux des appétits et des vices inconnus. A la lo salutaire du
travail, il substitue peu à peu dans leur ame imprévoyante
et naïve les suggestions corruptrices de la paresse. Il
leur fait prendre en pitié le foyer familial et en mépris
l'outil professionnel. D'un garçon laborieux, simple et droit
en son goût, il fait un jouisseur égoïste en quête d'emploi.

« En même temps qu'il les détourne du travail, il les détourne aussi du mariage et voue la meilleure part de notre
jeunesse à la stérilité. Nous devenons un peuple à qui toute
charge répugne, et c'est quand la concurrence étrangère
nous menace et déjà nous submerge que le Français tra-
vaille le moins !

« Tout ce désordre est l'œuvre du service militaire, etc. »

M. François Coppée, de l'Académie française, président
de la Ligue de la Patrie française écrivait dans le *Journal* :

« Tout le monde n'a pas le tempérament militaire, et le
service en temps de paix, rebutant et grossier, offense les
délicats. Au diable le caporalisme ! Cet étudiant, ce jeune
artiste, s'irritent d'être interrompus dans leurs travaux, en
pleine jeunesse, et ce rêveur est au désespoir de voir re-
poussée au fond d'un avenir douteux sa noble chimère
d'un monde paternel et pacifié. »

Un jésuite, le R. P. Forbes, s'écrie dans un sermon :

« Les familles donnent à l'armée des jeunes gens purs et
sains de corps ; elle leur rend des hommes pourris jusqu'aux moelles atteints de maladies honteuses et de vices
dégradants... »

Et ailleurs :

« Que les habitudes de débauche soient très répandues
dans l'armée parmi les soldats, c'est ce que m'apprennent
d'innombrables lettres d'enfants spirituels à moi, qui ont
passé dans la caserne *un temps d'horreur dont le seul sou-
venir leur fait dresser les cheveux sur la tête.* »

L'abbé Crestey, disait :

« Imagine-t-on une civilisation qui se rengorge d'honneur
et de fierté, et qui livre à la débauche tous les citoyens
obligés de passer par ce lieu d'infection morale qu'on
nomme la caserne ?

Voici ce qu'écrivait Maurice Spronck, de la Ligue de la
Patrie Française, député nationaliste de Paris :

« Quand le militarisme eut comblé la mesure des ridicules, des hontes et des horreurs qu'implique son essence

même, il s'écroula, aux applaudissements unanimes des peuples. »

D'autres écrivains encore ont dit :

« Les troupes réglées ont été créées en apparence pour contenir l'étranger, en réalité pour opprimer l'habitant. — J.-J. Rousseau. »

« Les troupes réglées ont été et seront toujours le fléau de la liberté. — Mirabeau. »

« Les lois produisent les guerres, et les guerres enlèvent une partie des habitants du monde. — Linguet. »

Guillaume II, n'a pris aucune gêne pour dire aux soldats de sa garde :

« ...Maintenant vous êtes miens, et, si j'avais avec les menées socialistes, à vous commander de fusiller vos frères, vos pères, vos mères, *vous devez m'obéir...* »

Enfin, le marquis de Rochefort avait raison d'écrire cette vérité :

« On n'embrasse l'état militaire que dans l'espoir de tuer des hommes, et quand on n'est pas de force à tuer ceux des autres nations, on extermine les siens. — *Intransigeant*, 1894-96. »

Et la meilleure preuve de cela c'est ce qu'écrivait à un ami le lieutenant assassin **Anastay** au retour d'une mobilisation militaire contre les manifestants du 1ᵉʳ mai à Lyon, en 1891 :

« Je suis éreinté. Nous avons dû faire le pied de grue toute la journée, car on s'attendait à une émeute des révolutionnaires. Je te réponds que si ces cochons de socialistes avaient bronché nous leur aurions fait payer cher cette fatigue. »

Aussi, Anatole France, de l'Académie française, a raison d'écrire : « *L'Armée est l'école du crime.* »

Plus terrifiants que tout, sont les actes du militarisme aux colonies.

M. Paul Vigné d'Octon, député, ancien officier de marine, a dénoncé à la tribune de la Chambre des faits, des actes de cruauté inouïe accomplis isolément et en collectivité, par les soldats et par leurs chefs. Les exploits de tous ces bandits ont été racontés aux représentants de la nation qui se sont contentés d'une *promesse* d'enquête.

Outre les récits de Vigné d'Octon, des hommes courageux ont précisé dans des volumes ou des revues ce qu'ils ont vu ou vécu durant leur passage à la caserne.

Bornons-nous à dire aux jeunes soldats ce qui les attend si, entrant à la caserne, ils oublient de laisser à la porte leur dignité morale.

Voici, très brièvement et très sommairement énumérés quels sont les petits procédés de torture qui s'emploient à l'égard des « mauvaises têtes. » Voici même ce qui attend le malheureux qui aura subi avant son tirage au sort une anodine condamnation qui le destine aux régiments pénitentiaires :

Ce sont d'abord les **poucettes,** instrument de torture digne d'un Torquemada, que par des écrits et des conférences démonstratifs a fait connaître au public l'ancien disciplinaire, coupable d'opinions avancées, Dubois-Dessaule, et que le Ministre de la guerre a *promis* d'abolir.

Le **bâillon** ou **poire d'angoisse :** c'est tantôt un piquet de tente placé en travers de la bouche et fixé solidement par un mouchoir ; tantôt une grosse pierre attachée de même. Heureux si cette pierre n'a pas été au préalable souillée d'excréments !

La **crapaudine :** par une série de liens, pieds et mains sont attachés derrière le dos, forçant ainsi le corps à former l'arc de cercle. Pour rendre plus douloureux le supplice, souvent, les cordes sont mouillées, afin qu'elles entrent mieux dans les chairs.

Il n'est pas rare qu'au malheureux supplicié qui demande à boire, on apporte une gamelle de liquide salé à l'excès.

Quant à la gamelle de bouillon, que le pauvre diable doit lamper comme il peut, l'adjudant de semaine a soin de s'assurer, du bout de sa canne, que le cuisinier n'y a pas glissé un morceau de viande.

A Kef, en Tunisie, un capitaine de la 5e compagnie mettait du sable, en guise de pain de soupe dans ce bouillon.

La **cellule de correction :** le soldat est jeté entièrement nu dans une cellule, — il est « habillé en civil » — et il ne reçoit, comme nourriture, qu'un bouillon tous les deux jours.

La **barre** ou les **fers** : l'homme, presque toujours nu ou à peu près, a les jambes prises dans deux anneaux qui glissent dans une longue barre de fer, construite pour pouvoir embrocher une douzaine de victimes.

Il est arrivé qu'en plein hiver, avec un mètre de neige, trois hommes étaient aux fers. Vu la température, le caporal de garde devait s'assurer de leur état d'heure en heure, il mangea la consigne ! Résultat : les trois hommes eurent les pieds gelés ; ils ne furent pas portés malades quoique cela et on se borna à mettre fin à leur supplice.

Le **tombeau** : une tente, très basse, en triangle, ne mesurant que quarante centimètres de la base au sommet ; le patient est couché à plat ventre, le menton sur un caillou, les mains ramenées derrière le dos, — et toujours ligottées ! La toile étant trop courte, la tête et les pieds sont, le jour, exposées aux ardeurs du soleil, la nuit au froid.

Le **peloton de chasse** : les hommes punis, chaussés de godillots sans guêtres, quelquefois nu-pieds, sac au dos, avec le poids réglementaire représenté par du sable ou des pierres, est astreint à un exercice que l'imagination du gradé varie pour accroître la souffrance des malheureux : tantôt il leur commande l'immobilité dans une position fatigante et douloureuse ; tantôt il leur commande le pas gymnastique ou le pas accéléré, en ayant soin de choisir une route nouvellement empierrée.

Si les suppliciés exécutent mal ses ordres, le sergent, furieux, les exagère ; ainsi il leur commande le pas gymnastique et leur déclare qu'il ne prononcera le mot « halte ! » que lorsque sa pipe sera éteinte. Quand les pauvres diables sont au repos, pour les « rafraîchir », il les met, selon son expression, « la gueule au vent », en plein courant d'air.

Etc., etc.

Voilà ce qu'est l'armée.

De là on sort écœuré ou abruti. Trois années passées dans une caserne font d'un homme un révolté conscient ou une brute passive.

Voici maintenant ce que coûte l'armée :

On ne trouve pas d'argent pour assurer une retraite aux travailleurs qui ont produit toute leur vie, mais l'on en trouve pour ceux qui font métier de soldat, qui en font carrière sans connaître l'ignominie qu'est la caserne pour le soldat puisqu'ils sont officiers.

Un commandant gagne 5,508 francs ;

Un lieutenant-colonel 6,588 francs ;

Un colonel (solde et frais de service) 10,368 francs ;

Un général de brigade (solde et frais de service) 15,930 francs ;

Un général de division (solde et frais de service) 26,874 francs ;

Un commandant de corps d'armée, 30,240 francs ;

Un membre du conseil supérieur de la guerre 38,858 francs ;

Un gouverneur militaire de Paris 44,442 francs.

Ne parlons pas des profits réalisés par le brigandage colonial, la concussion, le vol, les pots-de-vin qui sévissent du haut en bas de l'échelle hiérarchique et dont les exemples-types remplirent les rapports Cavaignac et Pelletan, 50 arrêts de 28 cours d'assises, 1,000 arrêts de conseils de guerre, des milliers de rapports de contrôle et, plus encore, d'affaires étouffées.

Et les indemnités à tous ces braves fonctionnaires, traîneurs de sabre ? Un seul chapitre du Budget dépassait **11 millions.** Tout cela en temps de paix.

Ces gens-là parlent aux soldats de désintéressement mais ils touchent toujours de l'argent. Ils en touchent pour ne pas se battre ; ils en touchent pour se battre ; ils en touchent s'ils reviennent, et ils reviennent, car ils ne s'exposent pas trop et sont soignés. Ils ont sept fois moins de risques de mort qu'un soldat. L'on peut, sans exagération, évaluer à plus de **1 milliard** les budgets annuels de la guerre et de la marine.

Eh bien, songeons à ce que ferait la distribution d'un milliard, annuellement ! Songeons au bien-être que donnerait dans chaque famille la somme annuelle de 150 francs. Le milliard que nous coûte l'armée, c'est un capital de 5,000 francs à peu près pour chacune des familles françaises.

Donc, si l'on supprimait l'armée, l'on pourrait, avec son budget, donner 5,000 francs à chaque famille de France, dit M. Charles Richet.

Actuellement l'Europe a un budget de guerre de plus de **10 milliards.**

En 1899 seulement elle avait :

7 milliards 184,321,093 francs.

Elle occupait :

4 millions 169,321 hommes

qui, s'ils travaillaient, produiraient (en évaluant la production à 3 francs par jour et par homme)

12 millions 507,963 francs.

Elle emploie, l'Europe armée,

710,342 chevaux

(qui produiraient au travail une moyenne minimum de 2 francs par jour et par cheval), ce qui ferait

1 million 420,684 francs.

ajoutés aux 12 millions 507,963 francs, cela fait :

13 millions 928,647 francs.

Ce nombre, multiplié par une année de 300 jours seulement, cela fait

11 milliards

362 millions

915,913 francs

en comptant le budget.

Toutes les années, ce chiffre augmente.

Et tout cela pour éviter la guerre, dit-on, ou pour la préparer.

En France, le budget actuel est de

1,101,260,000 francs.

Voilà le prix de la paix armée !

Voilà ce que coûte l'armée !

N'est-ce pas affreux ?

Il y a cependant pire, c'est la guerre.

III

LA GUERRE

Il vient de disparaître un illustre et consciencieux écrivain (Émile Zola) qui nous a laissé dans un beau livre la *Débâcle*, quelques tableaux réels de la guerre.

Pour ce chapître, nous pensons qu'il vaut mieux laisser une large place aux chiffres et à ce qu'ont pu dire de la guerre les penseurs de tous temps, de tous pays et de toutes opinions.

LE CHAMP DE BATAILLE

Tableau extrait de la *Débâcle*, par E. Zola

...Cette fois, c'était le vrai champ de bataille, les terrains nus s'étalant jusqu'à l'horizon, sous le grand ciel blafard, d'où ruisselaient de continuelles averses. Les morts n'y étaient pas entassés, tous les Prussiens déjà avaient dû être ensevelis, car il n'en restait pas un, parmi les cadavres épars des Français, semés le long des routes, dans les chaumes, au fond des creux, selon les hasards de la lutte. Contre une haie, le premier qu'ils rencontrèrent était un sergent, un homme superbe, jeune et fort, qui semblait sourire de ses lèvres entr'ouvertes, le visage calme. Mais, cent pas plus loin, en travers de la route, ils en virent un autre mutilé affreusement, la tête à demi emportée, les épaules couvertes des éclaboussures de la cervelle. Puis, après les corps isolés, çà et là, il y avait de petits groupes, ils en aperçurent sept à la file, le genou en terre, l'arme à l'épaule, frappés comme ils tiraient, tandis que, près d'eux, un sous-officier était tombé aussi, dans l'attitude du commandement. La route ensuite filait le long d'un étroit ravin, et ce fut là que l'horreur les reprit, en face de cette sorte de fossé où toute une compagnie semblait avoir culbuté, sous la mitraille; des cadavres l'emplissaient, un écroulement, une dégringolade d'hommes, enchevêtrés, cassés, dont les mains tordues avaient écorché la terre jaune, sans pouvoir se retenir. Et un vol noir de corbeaux s'envola avec des croassements; et, déjà, des essaims de mouches bourdonnaient au-dessus des corps, revenaient obstinément par milliers, boire le sang frais des blessures...

...C'était effroyable, le sol bouleversé comme par un tremblement de terre, des débris traînant partout, des morts renversés en tous sens, dans d'atroces postures, les bras tordus, les jambes repliées, la tête déjetée, hurlant de leur bouche aux dents blanches, grande ouverte. Un brigadier était mort, les deux mains sur les paupières, en une crispation épouvantée, comme pour ne pas voir. Des pièces d'or, qu'un lieutenant portait dans une ceinture, avaient coulé avec son sang, éparses parmi ses entrailles. L'un sur l'autre, le ménage, Adolphe le conducteur et le pointeur Louis, avec leurs yeux sortis des orbites, restaient farouchement embrassés, mariés jusque dans la mort. Et c'était enfin Honoré, couché sur sa pièce bancale, ainsi que sur un lit d'honneur, foudroyé au flanc et à l'épaule, la face intacte et belle de colère, regardant toujours, là-bas, vers les batteries prussiennes.....

Les hommes qui sont réputés pour les plus grands entre leurs semblables sont justement ceux qui en ont fait mourir le plus.

Alexandre-le-Grand fit périr *deux millions* d'hommes.

Napoléon Ier, le Grand, a fait *huit millions* de victimes : *trois millions* de Français et *cinq millions* d'étrangers.

Les guerres les plus connues depuis 1799 à nos jours ont fait plus de **quinze millions** de victimes qui se décomposent comme suit :

```
Guerre de Napoléon (1799-1815).....  8.000.000
   —    de Russie (1854)............    800.000
   —    d'Italie...................     300.000
   —    de Prusse..................     300.000
   —    de Sécession...............     500.000
   —    de 1870....................     800.000
   —    Turco-Russe................     400.000
Guerres civiles de l'Amérique du Sud    500.000
   —    coloniales (Indes, Mexique,
        Algérie, Abyssinie, Trans-
        vaal, Java, Madagascar)...    3.000.000
                         TOTAL...... 15.000.000
```

Certes, la bataille économique fait aussi des victimes, mais elle est moins directement dépendante de notre volonté.

Il est bien entendu que, momentanément, les sommes qu'il faut pour la guerre sont encore plus fabuleuses que celles qu'exigent la paix armée.

Les appointements des galonnés s'amplifient considérablement en temps de guerre ou de campagne.

D'après M. de Foville, la guerre de 1870 a coûté, à elle seule, plus de *30 milliards*.

Beaucoup de gens plus ou moins bien intentionnés ont parlé de paix. Il y a eu des *Congrès de la Paix*. Deux sinistres personnages s'en sont hypocritement montrés partisans : le Pape et l'Empereur de Russie.

Ce dernier même fut, pour ainsi dire, le promoteur d'un mouvement en sa faveur.

Mais au même moment il augmentait son armée, multipliait ses vaisseaux de guerre et ses torpilleurs, tyrannisait les vaincus de la Finlande et de la Pologne, martyrisait les travailleurs et les étudiants en révolte contre ses cruautés.

Au moment même où ce bandit, cruel et crétin, parlait de paix, ses soldats en Chine faisaient merveille en attachant par leurs nattes les paisibles habitants de ce pays qui répudie la guerre.

Des grappes humaines ainsi attachées étaient poussées à coups de crosse et de sabre dans les flots du fleuve Amour où elles furent trouvées formant des milliers de cadavres, capables d'amener une peste qui eut triplé cette hécatombe faite par nos alliés, les soldats du Petit Père, Nicolas II.

Au même moment où tous ces faux apôtres parlaient de paix, de tribunal d'arbitrage entre les nations, les Anglais écrasaient les Boërs par le nombre de leurs engagés volontaires et le perfectionnement de leur cartouche « dum-dum ».

Non, il n'y a que les travailleurs qui peuvent imposer la paix.

Qu'ils refusent de faciliter le débarquement ou l'embarquement des marchandises nécessaires à la guerre;

Qu'ils refusent de fabriquer ces marchandises et qu'ils refusent enfin de s'en servir;

Que leur entente s'établisse internationalement.

LA PATRIE, L'ARMÉE, LA GUERRE

JUGÉE A TRAVERS LES AGES

Les philosophes quels qu'ils soient, ont toujours conçu la guerre comme un mal : Cicéron, Sénèque et l'empereur Marc-Aurèle lui-même l'avaient condamnée comme inique et absurde. Les penseurs, depuis Pascal et Leibniz jusqu'à Kant, Tolstoï et le père Gratry n'ont pas cessé de la proclamer inique et absurde. Les écrivains satiriques et les poètes, depuis La Bruyère et Voltaire jusqu'à Henri Heine, Victor Hugo et Lamartine, l'ont déclarée inique et absurde.

Un seul meurtre fait un scélérat, des milliers de meurtres font un héros. — ERASME.

Le genre humain durera toujours, la patrie doit finir.
DIDEROT.

Il est une vertu supérieure à celle de la patrie et cette vertu c'est l'amour de l'Humanité. — MABLY.

Quand la liberté a disparu, il n'y a plus de patrie.
CHATEAUBRIAND.

Esprit militaire : on entend quelquefois par ces mots l'esprit de garnison, c'est-à-dire l'esprit nécessaire pour savoir jouer aux dominos ; mais le véritable esprit militaire est celui qui nous fait trouver le meilleur moyen de brûler, piller, massacrer et ensuite de dresser les autres à en faire autant. — BOUCHER DE PERTHES.

Les nations sont destinées à se fondre pour n'en faire plus qu'une grande qui abattra les frontières. — CHEVREUIL.

Oui, une société qui admet la misère ; oui, une humanité qui admet la guerre me semble une société, une humanité inférieure ; c'est vers la société d'en haut, vers l'humanité d'en haut que je tends, société sans rois, humanité sans frontières. — VICTOR HUGO.

L'amour de la patrie est une mystification.
Alphonse KARR.

En l'an 2000, il n'y aura plus ni guerres ni frontières arrosées de sang humain. — BERTHELOT.

On punit les meurtres que les particuliers commettent. Et que dira-t-on des guerres, et de ces massacres que nous appelons glorieux, parce qu'ils détruisent des nations entières ? L'amour des conquêtes est une folie : les conquérants sont des fléaux plus funestes à l'humanité que les déluges et les tremblements de terre. Alexandre, brigand dès l'enfance, destructeur des nations, estimait comme souverain bien d'être la terreur des hommes. — SÉNÈQUE.

C'est donc là votre chemin vers l'immortalité ! Détruire les cités, dévaster les territoires, exterminer les peuples libres ou les asservir. Plus ils ont ruiné, pillé, tué d'hommes, plus ils se croient nobles et illustres ; ils parent leurs crimes du nom de vertu. Celui qui donne la mort à une seule personne est flétri comme un criminel... Mais massacrez des milliers d'hommes, inondez la terre de sang, infectez les fleuves de cadavres, on vous donne une place dans l'Olympe.
LACTANCE,
Écrivain latin, surnommé le Cicéron chrétien,
vers l'an 300 de notre ère.

Quant à la guerre, qui est la science de nous entre-défaire et entre-tuer, de ruiner et perdre notre propre espèce, il semble qu'elle n'a pas beaucoup de quoi se faire désirer aux bêtes qui ne l'ont pas.
MONTAIGNE.

Que si l'on vous disait que tous les chats d'un grand pays se sont assemblés par milliers dans une plaine, et qu'après avoir miaulé tout leur saoûl, ils se sont jetés avec fureur les uns sur les autres, et ont joué ensemble de la dent et de la griffe, que de cette mêlée il est demeuré de part et d'autre neuf à dix mille chats sur la place, qui ont infecté l'air à dix lieues de là par leur puanteur, ne diriez-vous pas : « Voilà le plus abominable sabbat, dont on ait jamais ouï parler » ? Et si les loups en faisaient de même, quels hurlements, quelle boucherie ! Et si les uns et les autres vous disaient qu'ils aiment la gloire, concluriez-vous de ce discours qu'ils la mettent à se trouver à ce beau rendez-vous, à détruire ainsi et à anéantir leur propre espèce ; ou, après l'avoir conclu, ne ririez-vous pas de tout votre cœur de l'ingénuité de ces pauvres bêtes ?

LA BRUYÈRE.

Ainsi un seul homme, donné au monde par la colère des dieux, en sacrifie brutalement tant d'autres à sa vanité ! Il faut que tout périsse, que tout nage dans le sang, que tout soit dévoré par les flammes, que tout ce qui échappe au fer et au feu ne puisse échapper à la faim, encore plus cruelle, afin que cet homme, qui se joue de la nature humaine entière, trouve dans cette destruction générale son plaisir et sa gloire. Quelle gloire monstrueuse ! Peut-on trop abhorrer et trop mépriser des hommes qui ont tellement oublié l'humanité ? Non, non ! bien loin d'être des demi-dieux, ce ne sont pas même des hommes.

FÉNELON.

Ce fut après le déluge que ces ravageurs de provinces que l'on a nommés conquérants, poussés par la seule gloire du commandement, ont exterminé tant d'innocents... Depuis ce temps, l'ambition s'est jouée, sans aucune borne, de la vie des hommes ; ils en sont venus à ce point de s'entre-tuer sans se haïr. Le comble de la gloire et le plus beau des actes a été de se tuer les uns les autres.

BOSSUET.

Je voudrais voir les gens qui poussent à la guerre,
Sur un champ de bataille, à l'heure où les corbeaux
Crèvent à coups de bec et mettent en lambeaux
Tous ces yeux et ces cœurs qui s'enflammaient naguère.
Tandis que flotte au loin le drapeau triomphant
Et que, parmi ceux-là qui gisent dans la plaine,
Les doigts crispés, la bouche ouverte et sans haleine,
L'un reconnaît son père et l'autre son enfant !
Oh ! je voudrais les voir, lorsque, dans la mêlée,
La gueule des canons crache à pleine volée
Des paquets de mitraille au nez des combattants,
Les voir, tous ces gens-là, prêcher leurs théories
Devant ces fronts troués, ces poitrines meurtries
D'où la mort a chassé des âmes de vingt ans.

RONSARD.

La guerre réunit tout ce que la perfidie a de plus lâche dans les manifestes, tout ce que l'infâme friponnerie a de plus bas dans les fournitures des armées, tout ce que le brigandage a de plus affreux dans le pillage, le viol, le larcin, la dévastation, la destruction.

Le droit de la paix, je le connais assez : c'est de tenir sa parole, et de laisser tous les hommes jouir des droits de la nature ; mais pour le droit de la guerre, je ne sais ce que c'est. Le code du meurtre me semble une étrange imagination. J'espère que bientôt on nous donnera la jurisprudence des voleurs de grand chemin.

Voltaire.

.[.].

La guerre, c'est le meurtre ; la guerre c'est le vol.

C'est le meurtre, c'est le vol, enseignés et commandés aux peuples par leurs gouvernements.

C'est le meurtre, c'est le vol, acclamés, blasonnés, dignifiés, couronnés.

C'est le meurtre, c'est le vol, moins le châtiment et la honte, plus l'impunité et la gloire.

C'est le meurtre, c'est le vol, soustraits à l'échafaud par l'arc de triomphe.

C'est l'inconséquence légale, car c'est la société ordonnant ce qu'elle défend, et défendant ce qu'elle ordonne ; récompensant ce qu'elle punit et punissant ce qu'elle récompense ; glorifiant ce qu'elle flétrit et flétrissant ce qu'elle glorifie : le fait étant le même, le nom seul étant différent.

Emile de Girardin.

.[*].

Si quelque chose est effroyable, s'il existe une réalité qui dépasse le rêve, c'est ceci : Vivre, voir le soleil, être en pleine possession de la force virile, avoir la santé et la joie, rire vaillamment, courir vers une gloire qu'on a devant soi, éblouissante, se sentir dans la poitrine un poumon qui respire, un cœur qui bat, une volonté qui raisonne, parler, penser, espérer, aimer, avoir une mère, avoir une femme, avoir des enfants, avoir la lumière, et tout à coup le temps d'un cri, en moins d'une minute, s'effondrer dans un abîme, tomber, rouler, écraser, être écrasé, voir des épis de blé, des fleurs, des feuilles, des branches, ne pouvoir se retenir à rien, sentir son sabre inutile, des hommes sous soi, des chevaux sur soi, se débattre en vain, les os brisés par quelque ruade dans les ténèbres, sentir un talon qui vous fait jaillir les yeux, mordre avec rage des fers de chevaux, étouffer, hurler, se tordre, être là-dessous, et se dire : « Tout à l'heure, j'étais un vivant ! »   Victor Hugo.

Quand je songe seulement à ce mot, la guerre, il me vient un effacement comme si on me parlait de sorcellerie, d'inquisition, d'une chose lointaine, finie, abominable, monstrueuse, contre nature.

Quand on parle d'anthropophages, nous sourions avec orgueil, en proclamant notre supériorité sur ces sauvages.

Quels sont les sauvages, les vrais sauvages ? Ceux qui se battent pour manger les vaincus, ou ceux qui se battent pour tuer, rien que pour tuer ?

Les petits lignards qui courent là-bas, sont destinés à la mort, comme les troupeaux de moutons que pousse un boucher sur les routes. Ils iront tomber dans une plaine, la tête fendue d'un coup de sabre ou la poitrine trouée d'une balle ; et ce sont de jeunes hommes qui pourraient travailler, produire, être utiles. Leurs pères sont vieux et pauvres, leurs mères, qui pendant vingt ans, les ont aimés, adorés, comme adorent les mères, apprendront, dans six mois ou un an peut-être, que le fils, l'enfant, le grand enfant élevé avec tant de peine, avec tant d'amour, fut jeté dans un trou, comme un chien crevé, après avoir été éventré par un boulet et piétiné, écrasé, mis en bouillie par les charges de cavalerie. Pourquoi a-t-on tué son garçon, son beau garçon, son seul espoir, son orgueil, sa vie ? Elle ne sait pas. Oui, pourquoi ?

La guerre !... se battre !... égorger !... massacrer des hommes !... Et nous avons aujourd'hui, à notre époque, avec notre civilisation, avec l'étendue de science et le degré de philosophie où l'on croit parvenu le génie humain, des écoles où l'on apprend à tuer, à tuer de très loin, avec perfection, beaucoup de monde en même temps, à tuer de pauvres diables d'hommes innocents, chargés de famille, et sans casier judiciaire.

Et le plus stupéfiant, c'est que le peuple ne se lève pas contre les gouvernements. Quelle différence y a-t-il donc entre les monarchies et les républiques ? Le plus stupéfiant c'est que la société tout entière ne se révolte pas à ce seul mot de guerre.

Guy de Maupassant.

Je crois invinciblement que la science et la paix triompheront de l'ignorance et de la guerre, que les peuples s'entendront non pour détruire, mais pour édifier, et que l'avenir appartiendra à ceux qui auront le plus fait pour l'humanité souffrante.

PASTEUR.

La faim instruisit les barbares au meurtre, les poussa aux guerres, aux invasions. Les peuples civilisés sont comme les chiens de chasse. Un instinct corrompu les excite à détruire sans profit ni raison. La déraison des guerres modernes se nomme intérêt dynastique, nationalité, équilibre européen, honneur. Ce dernier motif est peut-être de tous le plus extravagant; car il n'est pas un peuple au monde qui ne soit souillé de tous les crimes et couvert de toutes les hontes. Il n'en est pas un qui n'ait subi toutes les humiliations que la fortune puisse infliger à une misérable troupe d'hommes. Si toutefois il subsiste encore un honneur dans les peuples, c'est un étrange moyen de le soutenir que de faire la guerre, c'est-à-dire de commettre tous les crimes par lesquels un particulier se déshonore : incendie, rapine, viol, meurtre.

Anatole FRANCE.

On voit tous les jours de graves personnages, ayant l'apparence et la réputation d'hommes de sens, débiter d'un ton magistral que les quatre plus grands hommes de la terre furent Alexandre, Annibal, César et Napoléon. Quoi ! dans notre siècle, au milieu d'hommes éclairés, on peut prononcer, sans exciter le rire, d'aussi vieilles niaiseries ! On a gardé ce fétichisme pour les conquérants, cette admiration aveugle et enfantine pour ce qu'on appelle le génie militaire !

P. LEROY-BEAULIEU.

Enfin, je veux finir par la pensée aussi vraie qu'originalement imagée d'un publiciste anglais, qui vécut de 1611 à 1677 :

« Mettez des petits chiens dans un sac et secouez le sac, tous les chiens se mordent entre eux ; il ne viendra à aucun l'idée de mordre la main qui les secoue.

« HARRINGTON. »

CONCLUSION

Puissions-nous, par ce bref et modeste exposé d'idées sur la Patrie, l'Armée et la Guerre, avoir convaincu quelques-uns de ceux qui étaient encore dupes des mots, parce qu'on leur avait enseigné drôlement l'amour de la Patrie, parce qu'on leur avait fait croire à la beauté du Militarisme, à l'utilité de la Discipline, à la grandeur et à la nécessité des Guerres européennes ou coloniales!

Puissions-nous surtout avoir incité à la réflexion ceux de nos camarades qui eussent accepté d'un cœur joyeux le sacrifice de trois des plus belles années de leur jeunesse, peut-être même le sacrifice de leur vie, pour la Patrie, cette idole qui ne tient debout que par notre ignorance et notre lâcheté!

Puissions-nous avoir arraché de la cervelle de quelques-uns de nos frères de misère les préjugés et les absurdités que s'appliquèrent à y mettre et à y cultiver tous les atrophieurs de cerveaux parlant au nom de la Religion, de la Famille, de la Patrie, de l'Etat!

Puissions-nous enfin avoir démontré que le salut est en nous!

En effet, ce n'est pas le Congrès pour la Paix, tenu à La Haye, suscité par le Tzar — ce tyran qui fouette, pend, emprisonne, exile ou tue tout ce qui, dans son Empire, ose penser. — Ce ne sont pas tous les philanthropes ni tous les bourgeois libéraux réunis qui peuvent donner la paix au monde.

Au moment du Congrès, des précautions et des mesures belliqueuses étaient prises partout : les effectifs, les budgets s'accroissaient prodigieusement; la Finlande subissait un despotisme plus dur que jamais ; l'Angleterre faisait, au Transvaal, la promenade militaire qui lui coûta tant et qui réussit à faire de l'Angleterre, un

pays autrefois réputé le plus hospitalier et le plus tolé-
rant, un foyer de chauvinisme bestial. Ceux qui parlaient
contre la guerre, dans ce pays de liberté de parole,
risquaient leur vie à tout instant. Enfin l'on sait ce qui
s'est passé en Chine où les troupes européennes frater-
nisèrent dans le vol, le viol et le meurtre. Le fleuve
Amour n'avait pas assez de flots pour cacher les victimes faites par nos alliés les soldats russes.

La Paix ne peut venir non plus de ceux qui rêvent de
voir l'armée remplacée par des milices. Il y aurait à cela,
il faut le reconnaître, une économie de 287,260,000 fr.
Mais c'est tout l'avantage, car le service de trois ans
supprimé serait remplacé sans doute par l'éducation
militaire théorique et pratique des jeunes gens et l'entre-
tien de cet enseignement parmi les milices durerait toujours pour ceux qui en feraient partie. L'esprit milita-
riste ne serait guère amoindri. D'ailleurs, les milices
belges, n'ont-elles pas tiré sur les grévistes et les manifestants qui réclamaient le Suffrage universel? Les
milices suisses n'ont-elles pas fait de même contre les
grévistes, employés de tramways et autres?...

Ce qu'il faut, c'est une éducation meilleure. L'enseignement actuel diffère très peu de l'enseignement clé-
rical. Comme lui il fanatise et abrutit. Religion ou
Patrie, cela se vaut. Faire le signe de la croix ou saluer
le drapeau dénote la même triste mentalité.

Ce qu'il faut, c'est compter sur nous-mêmes.

Conseils aux Conscrits

Jeunes hommes, pleins de vigueur et de santé, qui
allez être arrachés à vos travaux, à vos espérances, à vos
affections;

Jeunes hommes qui allez pour trois ans endosser la
livrée de l'honneur (c'est ainsi qu'on appelle la livrée de
l'esclavage ou du crime);

Jeunes hommes, réfléchissez à ce que vous devez faire !
Ayez une volonté !

Si vous croyez ne pouvoir supporter les vexations, les insultes, les imbécillités, les punitions et toutes les turpitudes qui vous attendent à la caserne : **Désertez !** Cela vaut encore mieux que de servir d'amusement aux bourreaux alcooliques et fous furieux qui prendraient soin de vous dans les bagnes militaires.

Si vous croyez qu'il n'y ait pas une propagande de révolte à faire à la caserne, si vous croyez que cette propagande ne vaut pas les risques que vous courriez à la faire, et si vous croyez qu'il vous serait impossible d'y passer trois années sans faire cette propagande que vous jugez inféconde et que vous jugez néfaste pour vous : **Désertez !**

Par vos Syndicats, par vos corporations, par votre Bourse du travail, il sera fait tout le possible pour que vous ayez un appui moral et pécuniaire. De leur part, vous serez reçus fraternellement à l'étranger et vous apprendrez ainsi que la Patrie est partout où il y a des hommes qui luttent, pensent, souffrent, travaillent, espèrent et se révoltent contre les injustices sociales.

Mais si l'affection de ceux qui vous entourent, si la crainte de l'inconnu, de tout ce qui peut vous attendre d'ennuis et de misères dans un pays dont vous ne connaissez ni les mœurs, ni le langage ; si d'autres raisons encore l'emportent sur votre horreur du régiment : **Allez-y !** Mais faites votre possible pour y rester un homme. Surmontez vos dégoûts. Faites-vous aimer de vos malheureux compagnons d'esclavage et faites leur de la propagande individuellement. De l'école du crime, faites une école de révolte. Les faits de tous les jours vous aideront pour cela. A votre retour, vous pourrez dénoncer ce que vous aurez vu ou subi. En précisant les faits, vous donnerez ainsi votre courageux coup de pioche à la démolition de cet étais sur lequel s'appuie le plus l'édifice social.

D'ailleurs, vous ne serez pas les premiers à agir ainsi. D'autres l'ont déjà fait.

.

Exhortations aux soldats

Pour trois ans vous êtes encasernés, retirés du monde qui produit, qui vit. Vous êtes des machines. Vous ne devez pas répliquer à l'injure la plus grossière du premier imbécile venu, qui porte un ou plusieurs galons. Aux ordres les plus idiots vous devez obéir! Tout cela est forcément abrutissant.

Cependant, ne vous découragez pas. Allez, dans les Bourses du Travail, allez dans les Bibliothèques et Universités populaires. Là seulement vous trouverez quelque affection sincère et l'accueil le plus fraternel. Là vous oublierez la vie de caserne, ses vices, ses fourberies, ses ridicules, ses cruautés.

De plus, vous trouverez aussi le gage fraternel de la sympathie qui vous unit aux camarades que vous avez quittés. Ce gage consiste en la petite somme périodique que vous attribue le « **Sou du Soldat** » de votre organisation syndicale.

.

Cette somme là, nous le savons, ne contribuera pas à vous avilir par l'alcool. Elle adoucira vos ennuis et vous encouragera.

Si un jour il vous fallait marcher contre un ennemi quelconque, des frères malheureux, exploités d'un autre pays, vous sauriez agir consciemment et faire ce que vous dicterait votre raison.

Si un jour il vous fallait marcher contre les camarades qui luttent contre la rapacité patronale, qui revendiquent un peu de bien-être, qui réclament un peu de liberté, vous sauriez aussi ce que vous devez faire.

Le colonel de Saint-Remy, dont c'était la profession d'être militaire; le colonel de Saint-Remy, qui accepta en pleine liberté de faire le métier de tueur d'hommes, d'exécuteur sanguinaire des ordres du Gouvernement, trouva l'indulgence d'un tribunal militaire, **si rude aux petits soldats,** *pour n'avoir pas obéi, disant que sa conscience de chrétien lui interdisait de maltraiter d'autres chrétiens.*

Eh! bien, camarades, votre raison doit vous interdire de tuer d'autres hommes, vos semblables. **Vous vous refuserez à obéir si l'on veut faire de vous des meurtriers!**

Votre conscience de travailleurs vous défend de tirer sur d'autres travailleurs.

Si l'on vous envoie dans les grèves :

Vous ne tirerez pas!

L'on veut faire de vous des machines à tuer ?... Révoltez-vous! Et que tremblent enfin ceux qui osent vous armer contre vos frères, car **votre ennemi, c'est seulement celui qui vous exploite, vous opprime, vous commande et vous trompe!**

Si l'on veut absolument que vous soyez des meurtriers avec les armes mises entre vos mains, **ne soyez pas des fratricides!**

Cette brochure a été faite conformément à la décision prise au Congrès des Bourses du Travail, tenu à Alger du 15 au 19 septembre 1902. Elle a tiré une première édition de 20.000 exemplaires, 8 autres de 10.000 et 4 de 15.000, soit avec cette édition un total de 160.000 exemplaires.

POUR LE COMITÉ FÉDÉRAL:

Le Secrétaire,

Georges YVETOT.

Imprimerie spéciale de la Fédération des Bourses du Travail de France et des Colonies.